# 26 AU 31 MAI 1871

# SOUVENIR D'UN VOYAGE

A PARIS

D'un détachement de Pompiers du Corps civil auxiliaire Suisse

DU HAVRE

Par **W. L. W.**, de NIDAU (Berne)

Havre. — Imp. F. Santallier et C°, boulevard de Strasbourg, 162.

# SOUVENIR D'UN VOYAGE

## A PARIS

## D'un détachement de Pompiers du Corps civil auxiliaire Suisse

## DU HAVRE

Un pour tous, tous pour un.

Le 26 Mai 1871, dix Pompiers du corps civil auxiliaire suisse, fondé le 17 Août 1870, pour la durée de la guerre, étant de garde à la caserne des Pompiers municipaux du Havre, M. Faure, adjoint au maire, vient, à sept heures du matin, communiquer à M. le capitaine Bernié une dépêche du préfet, M. Lizot, demandant l'envoi à Paris d'un nouveau détachement de Pompiers pour contribuer à l'extinction des incendies qui désolent la Capitale.

Le corps des Pompiers casernés étant réduit à 25 hommes, M. Faure nous demande si, dans notre corps, nous croyons qu'il se trouvera des volontaires disposés à affronter les dangers d'un pareil voyage.

Nous croyons pouvoir affirmer qu'une douzaine de volontaires répondront à son appel, tout et autant que le service des bureaux le permettra et nous nous mettons en course, donnant rendez-vous à dix heures à la caserne à ceux qui seront décidés à aller combattre les incendies allumés par les fédérés.

Nous étant munis de passeports que M. le consul E. Wanner vient nous délivrer, de casques et de sacs, nous quittons la caserne à dix heures au nombre de seize, soit :

M. Henri Muller (1), *sergent* ;

MM. Christophe Eglin (2), Henri Fitze (3), Henri Jaccoud (4), Léon Wanner (5), Charles Zuber (6), *caporaux* ;

MM. Gotfried Anderegg (7), Arnold Dietrich (8), Auguste Foltz (9), Wilhelm Hubner (10), Jules Jenny (11), Philippe Kronauer (12), Robert Lœliger (13), Georges Matthey (14), Rodolphe Oser (15) et Jules Strehler (16), *sapeurs*, sous la conduite de M. Alf. Cliquet, sous-lieutenant des Pompiers du Havre, et accompagnés de M. le chirurgien Massard, interne de l'hôpital du Havre.

M. l'adjoint Faure part également avec nous.

Nous menons 4 pompes à la gare, où nous sommes rejoints par 32 ouvriers des Docks, emmenant 2 pompes, sous la direction de M. l'inspecteur Dupont. Un grand nombre de nos concitoyens nous accompagnent à la gare en nous donnant des témoignages de la plus vive sympathie.

Nous quittons le Havre à onze heures un quart, tous en wagon de 3e classe, et prenons en route de nombreux détachements de pompiers avec matériel.

A Rouen, Monsieur le préfet vient nous féliciter de l'empressement que nous avons mis à nous rendre à son appel de volontaires.

Nous attendons une heure et demie à Mantes l'arrivée du train de Caen et n'arrivons qu'à huit heures et demie à Poissy d'où le train, ne contenant plus que des pompiers, poursuit sa route vers Asnières. Nous y descendons vers neuf heures et demie. En arrivant au pont de Bezons, réparé provisoirement, nous retrouvons les sentinelles prussiennes gardant la rive droite de la Seine et nous apercevons à l'horizon une forte lueur au-dessus de Paris.

A Asnières nous stationnons en attendant qu'une locomotive pilote vienne de Paris nous permettre de continuer notre route jusqu'à la gare Saint-Lazare.

Nous sommes péniblement impressionnés par les ruines qui nous environnent. Pas une maison qui ne soit, sinon entièrement détruite, du moins dans un tel état, qu'il faudra l'abattre et la reconstruire avant que les habitants reviennent l'occuper. Des bâtiments qui formaient la gare, il ne reste plus trace, et tous les arbres laissent pendre des branches cassées par les obus tombés sur ce lieu de désolation.

Le grondement du canon se fait entendre dans le lointain. Nous voyons parfaitement se développer l'incendie de la Vilette qui, en peu d'instants, prend des proportions immenses et fait littéralement disparaître la lueur produite par les incendies de la Cité, du Conseil d'Etat, des Tuileries, etc. Enfin, à onze heures et demie nous entrons dans la gare Saint-Lazare et débarquons nos pompes. Après un séjour dans la gare d'environ une heure, que nous employons à nous réconforter de notre mieux, nous nous mettons en route, conduits par M. Faure, muni du mot de passe, pour aller au ministère des affaires étrangères.

Les rues sont à peine éclairées par quelques becs de gaz et à chaque instant nous sommes arrêtés par les « *Qui vive* » des sentinelles. Nous longeons la Madeleine, et en arrivant par la rue Royale à la rue du Faubourg-Saint-Honoré, nous voyons déjà toutes les horreurs de l'incendie. Une dizaine de maisons ont été la proie des flammes et brûlent encore. Les planchers de l'une d'elles s'écroulent avec fracas juste au moment de notre passage.

Nous traversons la forte barricade élevée au bout de la rue Royale, la place de la Concorde, et nous nous dirigeons vers l'Esplanade des Invalides en traversant la Seine, où la lueur des flammes, achevant de dévorer le Conseil d'Etat et la caserne d'Orsay, vient se refléter sinistrement.

Le chef de poste du ministère des affaires étrangères, après maints pourparlers, nous envoie au Louvre où nous arrivons vers une heure et demie, le 27 Mai. Un laps de temps assez long s'écoule sur la place du Carrousel, jusqu'à ce qu'on nous indique et le lieu où nous devons réunir notre matériel et l'endroit où nous pourrons nous reposer. Nous sommes conduits dans l'ancienne caserne des zouaves de la garde, au 4me, dans la chambre no 27, qui en dernier lieu a été occupée par les Enfants du père Duchêne (1er bataillon fédéré, 3e compagnie, sergent Ferrari). Après avoir été à droite et à gauche à la recherche de matelas et de couvertures, nous nous couchons, entendant toujours gronder le canon et voyant même au-dessus des bâtiments incendiés du Palais-Royal le feu des pièces établies sur la butte Montmartre par les Versaillais, qui tirent dans la direction du Père-Lachaise.

A cinq heures, nous sommes debout, et faisant une tournée dans les casernements du Louvre, nous trouvons des éclats d'obus, provenant évidemment des batteries de Montmartre. A six heures nous partons avec deux de nos pompes et un détachement des pompiers de Paris qui prend nos deux autres pompes.

Nous longeons la rue de Rivoli et plus nous approchons

de la place de la Bastille, plus nous entendons distinctement la fusillade et la canonnade ; tous les abords de la place sont occupés militairement, et autour de la colonne, plusieurs batteries attelées attendent des ordres de départ. Des cadavres sont réunis en tas en attendant leur enlèvement. La base de la colonne de Juillet, dont la pierre a été entamée par le feu de pétrole, est garnie de mitrailleuses blindées.

La longue file des bâtiments du grenier d'abondance vomit des torrents de fumée noire et épaisse qui obscursissent le ciel. Au coin de la rue Jean Beaussire et du boulevard Beaumarchais une maison incendiée est en partie écroulée.

L'entrée de la rue de la Roquette, où nous allons prendre position avec trois pompes, est complétement évacuée par les habitants et incendiée des deux côtés. Des femmes fuyent égarées, emportant de petits enfants dans leurs bras. Une consigne sévère les empêche de traverser la place de la Bastille. A chaque instant des éboulements ont lieu dans la maison du coin, occupée par un marchand de porcelaine.

A peine étions-nous à ce poste depuis un quart d'heure, qu'un obus passe au-dessus de nos têtes avee un sifflement inconnu de la plupart d'entre nous. Instinctivement et malgré soi, tout le monde se baisse.

La fusillade se rapprochant de plus en plus dans les rues avoisinantes et ne voyant aucun travail urgent à faire pour le moment, nous allons prendre la quatrième pompe restée sur la place de la Bastille ; et, traversant une barricade, nous allons nous poster à l'entrée du faubourg Saint-Antoine où nous nous trouvons au milieu d'une centaine de cadavres couchés dans une mare de sang, car depuis le matin la pluie n'a pas cessé de tomber.

Une épaisse fumée s'échappe des fenêtres de la maison nº 2 formant l'encoignure de la rue de Charonne et du faubourg Saint-Antoine, occupée par les magasins du *Belier Merinos*. Nous y allons en reconnaissance, et à chaque étage, au milieu des approvisionnements de couvertures, de plumes, de laines, etc., nous trouvons six à dix cadavres. Quelques seaux d'eau, de quart d'heure en quart d'heure, suffisent pour arrêter les progrès de l'incendie.

Nous nous installons au numéro 3, chez le marchand de vin, dont l'enseigne : *Aux Prunes*, est pleine d'actualité et attendons les événements en mangeant un morceau, malgré le triste spectacle que nous avons sous les yeux. Il est juste de dire que nous ne mangeons que du bout des dents. Pourtant, les soldats de la ligne sont en train de faire le pot-au-feu au milieu de tous les cadavres d'insurgés qui, ont préféré mourir plutôt que de se rendre au 37e de ligne dont le colonel a été tué à l'attaque de la barricade.

L'entrée du faubourg est défendue par des pièces de 7 (système Reffye), 5 pièces de 12 et 3 obusiers et mo.-tiers. Le sol est couvert de cartouches de toutes espèces, d'obus, de boîtes à mitraille, de boîtes à pétrole et de gargousses, qui nous servent à barrer le ruisseau pour nous faire un réservoir et alimenter ainsi notre pompe en cas de besoin.

On vient nous chercher pour aller cour du Cheval-Blanc, derrière la rue de la Roquette, dans une école protestante attenante à une maison incendiée et à des magasins remplis de meubles de toutes sortes. Une pompe du quartier étant installée et ne voyant aucun danger pour le moment, après avoir fait une tournée sur les toits, nous rentrons à notre poste.

Vers huit heures, un détachement de marins vient avec

3 pièces de débarquement, et, après avoir, avec des sacs de terre, installé une batterie sur la place de la Bastille, il ouvre le feu sur la mairie du XI$^{e}$ arrondissement (Roquette) et par-dessus les maisons, à environ 1,100 mètres. Les officiers chargés de rectifier le tir s'installent sur le toit de la maison numéro 3, qui nous sert de poste. Un peu plus tard une pièce de 12 vient se mettre en batterie à l'entrée même de la rue de la Roquette, et tire également sur la Roquette.

A onze heures, des pompiers de Sèvres arrivent avec deux pompes.

On vient nous chercher, nous prévenant qu'un obus est entré au cinquième étage, par une fenêtre de derrière du n$^{o}$ 20, du boulevard Beaumarchais, chez M. Clyatt, architecte. Nous nous y rendons, avec le sous-lieutenant Cliquet, traversant la place de la Bastille au pas de course. L'obus n'ayant pas éclaté, nous ne voyons aucun danger d'incendie, et nous regagnons notre poste.

Vers midi, le lieutenant Banchelin, des Pompiers de Paris, fait demander des volontaires pour aller rue de la Roquette remplacer une demi garniture qui vient d'être coupée par un éclat d'obus. Les pompiers de Sèvres refusant ce service, après nous être consultés, nous y allons tous ensemble.

Nous nous établissons au 6$^{e}$ étage, en passant par les balcons d'une maison désertée à une autre incendiée et commençons à manœuvrer. On prend de l'eau dans des puits des maisons incendiées.

Pendant que, dans les chambres où nous travaillons avec un caporal de Paris, les plafonds tombent, deux maisons, situées en face s'écroulent, nous enveloppant dans un nuage de cendres et de fumée. Pour compléter le tableau, il ne faut pas oublier que les 4 pièces mentionnées plus haut ne cessent de tirer et que les obus passent généralement à la hauteur du balcon où nous nous trouvons. Il est juste de dire que nous finissons par ne plus y faire attention et que les détonations passent inaperçues.

Des habitants du quartier nous poursuivent, nous offrant des seaux de vin, et voyant que, fidèles à notre consigne, nous refusons toujours crainte d'empoisonnement, ils nous apportent des bouteilles cachetées et déposent même des bouteilles de cognac sur notre pompe.

Quelques coups de chassepot sont tirés sur une lucarne d'une maison du boulevard Richard-Lenoir, où les sentinelles ont cru apercevoir un fusil.

Tout à coup, sans que personne ait entendu une détonation, une balle, évidemment tirée de cette lucarne, vient frapper au bras gauche notre caporal Eglin pendant qu'il pompait. Nous le conduisons dans les magasins de la *Belle Fermière* où notre chirurgien le panse. Par un hasard providentiel la balle, qui a déchiré la manche de l'uniforme, a glissé sur un gilet de tricot, qu'il venait d'acheter dans ce même magasin avant d'aller à la pompe.

A peine sommes-nous remis de cette alerte, qu'on vient demander une civière pour un clairon des pompiers de Paris qui vient d'être frappé en pleine poitrine de la même manière et au même poste que notre caporal. Mais ce malheureux pompier ayant perdu presque tout son sang et la balle ne pouvant être extraite, notre docteur craint bien qu'il ne puisse être sauvé. Après avoir fait le pansement nécessaire, il le fait porter à l'Hôtel-Dieu par ses camarades.

En présence de ces lâches attentats, nous décidons qu'il n'y a pas lieu de continuer notre travail et nous évacuons la rue de la Roquette, y laissant notre matériel.

Les attelages de l'artillerie viennent pour enlever les canons pris aux fédérés. A la vue des cadavres les chevaux refusent d'avancer, et il faut les prendre par la bride pour les faire passer entre les morts.

La fusillade et la canonade ne faisant qu'augmenter et se rapprocher, nous nous décidons à rentrer à la Caserne, emmenant notre pompe du faubourg St-Antoine. Rue St-Antoine, nous requisitionnons une tapissière, dans laquelle nous faisons monter le docteur, avec notre caporal blessé, et le sous-lieutenant Cliquet qui souffre dans les reins et peut à peine marcher, par suite d'une chute dans un escalier de la maison de la rue de la Roquette.

Nous allons nous reposer au Louvre, où en entrant dans la chambrée, nous sommes désagréablement surpris en trouvant tous nos sacs parfaitement vides. Même nos képis ont été volés.

M. Faure vient nous prendre, vers sept heures, pour nous mener dîner chez Brébant, qui gracieusement nous offre le champagne. Depuis cinq heures, les batteries de Montmartre tirent sans discontinuer, et cela dure jusqu'à minuit, par six pièces à la fois.

Le Dimanche 28 Mai, dès une heure et demie, Montmartre recommence à tirer comme la veille. Vers huit heures, nous partons pour aller chercher nos trois pompes rue de la Roquette, dont toutes les issues sont garnies de nouvelles barricades gardées par de l'artillerie et de la ligne.

Le général de division nous dit qu'on refoule les insurgés vers la Bastille, qu'ils sont complètement cernés, qu'ils fuient en jettant bas les armes, et qu'on peut considérer l'insurrection comme vaincue. En effet, peu à peu, les détonations diminuent et vers neuf heures et demie, nous entendons le dernier coup de canon.

Nous ramassons notre matériel. Plusieurs choses nous manquent, ayant été enterrées sous les décombres. On nous montre un nouveau cadavre au milieu de la rue, nous disant que c'est l'homme qui tirait si bien, par la lucarne du boulevard Richard Lenoir. Nous rejoignons, par la rue de Rivoli, les casernés du Havre qui travaillent au bâtiment de l'Assistance publique, depuis leur arrivée à Paris. Nous y restons cinq hommes jusqu'à une heure arrêtant, de temps en temps, les passants, sur le quai de Gesvres, pour leur faire manœuvrer la pompe.

Nous voyons passer trois convois d'une quarantaine d'insurgés, escortés par des chasseurs de Vincennes. Ils viennent de la Cour Martiale qui est en permanence au Châtelet, et sont conduits dans la cour de la Caserne Napoléon, où ils sont immédiatement passés par les armes. De l'autre côté de la rivière, par une fenêtre du rez-de-chaussée du nouvel Hôtel-Dieu, des cadavres sont jetés et entassés dans une voiture à quatre chevaux qui les porte, assure-t-on, au Champ de Mars où une grande fosse a été creusée pour les recevoir.

Depuis le matin la circulation a repris une certaine animation et les rues se remplissent de curieux.

L'après-midi, un nouveau détachement vient relever celui du matin, qui le soir reprend son service, sous les ordres du lieutenant Damville, du Havre.

M. Faure nous apporte la bonne nouvelle que beaucoup d'objets nous appartenant ont été retrouvés au Louvre, dans la chambrée occupée par les pompiers de St-Germain qui, pour s'excuser, ont dit qu'ils croyaient que les sacs pillés par eux avaient appartenu à des fédérés.

Au milieu de la nuit, deux femmes, ayant l'air de véritables pétroleuses, circulant sur l'Avenue Victoria, nous les apostrophons. Leurs réponses évasives, étant peu satisfaisantes, un officier d'état-major de la garde nationale, qui se trouvait avec nous, se charge de les conduire au Châtelet, d'où elles prétendent sortir.

Nous soupons, avec du pain, du fromage et du vin qui nous est gracieusement apporté par Mme Brossier et Mlles Garnier et Madeleine, demeurant Avenue Victoria, nº 7 et 9.

M. Faure qui, pendant toute la durée de notre séjour à Paris, n'a cessé de veiller sur nos besoins avec une sollicitude toute fraternelle, passe la nuit avec nous dans un poste improvisé, chez un marchand d'instruments en gomme, au coin de l'Avenue Victoria et de la rue de la Tacherie. Quelques plafonds s'écroulant dans cette rue, au-dessus de magasins de cordonnier et de peintre, nous manœuvrons la pompe trois ou quatre fois pendant la nuit et au petit jour.

Le 29 Mai, à sept heures, notre poste est relevé, et nos remplaçants continuent la surveillance de tout le pâté de maison compris entre la place de l'Hôtel-de-Ville, l'Avenue Victoria, la rue de la Tacherie et le quai de Gesvres.

L'après-midi, l'officier de casernement, de service au Louvre, nous prévient qu'une division de troupes de ligne va venir nous remplacer, et qu'il faut nous occuper de notre déménagement. A six heures, avec l'aide des casernés du Havre, nous emmenons nos quatre pompes et nous nous dirigeons vers la Caserne de la Cité, à l'état-major des pompiers de Paris, où nous nous installons dans des chambrées encore plus malpropres qu'au Louvre. Plusieurs d'entre-nous préfèrent retourner passer la nuit Avenue Victoria où, du reste, des vivres et des lits sont mis à notre disposition, par Mme Brossier, Mlles Garnier, Madeleine, Emilie Burger et Mmes Goulancourt, avec une libéralité et une gracieuseté dont nous ne pouvons assez leur témoigner notre reconnaissance.

Le 30 Mai, M. Villermé, colonel des sapeurs-pompiers de Paris qui, en récompense des services rendus par les Pompiers du Havre, a voulu nous garder les derniers, nous laisse libres de tout service pour la journée.

Nous parcourons divers quartiers de Paris pour nous rendre compte des immenses désastres occasionnés, tant par les incendies que par les obus. A quatre heures, nous nous trouvons à l'hôtel du Louvre, où rendez-vous est pris pour le lendemain matin, à la Cité.

Le 31 Mai, à sept heures, nous quittons notre casernement au nombre de 110 hommes, avec onze pompes, un caisson et un fourgon de vivres, attelé de deux chevaux (Clérisse, du Havre).

Les casernés et ouvriers du Dock ayant orné une de leurs pompes du drapeau tricolore, nous arborons le drapeau suisse sur l'une des notres, et nous partons, clairon en tête, traversant les Halles, puis les boulevards près du nouvel Opéra, et nous montons la rue d'Amsterdam. Nous arrivons vers dix heures à la gare des marchandises de Batignolles-Clichy. Nous déjeunons, et vers midi, nous partons avec notre matériel par un train spécial, pour rejoindre le train régulier à Mantes, où on laisse notre matériel vu l'importance du train.

A 5 heures, nous arrivons à Rouen, où M. le Préfet Lizot, nous adresse à tous des remercîments chaleureux, n'oubliant pas de rappeler tout ce que la Suisse a déjà fait pour la France, dans cette malheureuse guerre.

Enfin, à huit heures trois quarts, nous arrivons au Havre. Nous trouvons à la gare les autorités locales et notre Consul, accompagné des pompiers suisses restés de service au Havre, et d'une quantité de nos concitoyens, qui, connaissant la blessure de M. Eglin, ont voulu être des premiers à lui serrer la main. Nous allons en corps escortés, par une foule sympatique jusqu'à l'Hotel-de-Ville, où M. le maire Guillemard et M. le sous-prefet de Vaudichon nous adressent des remercîments au nom de la municipalité, et au nom du pays et où M. le Maire donne l'accolade à notre blessé, M. Eglin, président de notre corps pendant la durée de la guerre.

Ces discours sont suivis des cris de : Vivent les Pompiers ! Vive la Suisse ! Vive la République ! que la foule répète, en nous escortant jusqu'à la Caserne où nous accompagnons les Pompiers du Havre, et où nous nous séparons, emportant des souvenirs qui marqueront à jamais dans notre vie, les dates des 26 au 31 Mai 1871.

---

www.ingramcontent.com/pod-product-compliance
Lightning Source LLC
LaVergne TN
LVHW012015170826
845678LV00004BA/1503

* 9 7 8 2 3 2 9 6 5 4 0 6 5 *

3. 7. 12. 16. 5. 11. 4. 8. 14 10
13 1. — 2 — 6. 9. 15.